穂が出る
ほ　　　で

稲穂
いな　ほ

ワラ灰
　　はい

ワラ灰は、
こんにゃくの灰汁や
線香の香炉灰などにも使われる。

ワラ

JN205327

アジアの道案内

日本

田んぼの学校へいってみよう

● 筒江　薫　文・写真

玉川大学出版部

こんにちは。

ぼくたちは、こうすけとゆうすけ。

サッカーと昆虫がすきな

小学5年生のふたご。

ぼくたちは、1年生のときから

田んぼの学校に通っている。

ゆうすけ
横笛がとくい

こうすけ
田植え唄がじょうず

空から見た那須野が原
（写真提供：那須野が原博物館）

田んぼの学校は、昔ながらの米づくりを
教えてくれるところ。
まちにつたわる「田植え唄」やならわし、
田んぼに住む生きものについても勉強する。
先生は、地域のおじいさんや
おばあさん。

ぼくたちが住む
栃木県那須塩原市は、那須の山やまと、
那須野が原とよばれる広大な
台地からできた自然ゆたかなまち。

さあ、ぼくたちが通う田んぼの学校にいってみよう！

3

木はほとんど
はえていない

いまは田んぼや畑がたくさんある那須野が原。
でも、昔は火山灰がつもった荒れた土地だった。
水をひく川がないこの地には作物ができず、人もほとんど住んでいなかった。

荷物はなべと
くわだけ!?

明治時代のはじめ、この地に水路をひく計画がたてられた。
那須野が原を農地にしようとたくさんの人がやってきた。

だけど、ほってもほっても出てくるのは石ばかり。

冬には山からこごえるような風がふく。

開拓はぼくたちが想像もできないほど、きびしいものだった。

開拓がはじまって6年がたち、那須疏水が完成した。

この地にようやく水がきて、荒れ地は田んぼや畑にうまれかわった。

ぼくたちにとって田んぼは、たくさんの苦労をのりこえてきた先祖たち

からうけついだ「たからもの」なんだ。

飲み水さえなく、
4キロ先まで水をくみ
にいったんだって

那須疏水の取水口が
完成したころ

田んぼの学校 時間割

これは田んぼの学校の時間割。
米づくりのほかにも、田植え唄をひろう
したり、お祭りに参加したりする。

●→米農家の作業

● 種モミえらび・水まき
● 荒おこし・あぜぬり
● 施肥・代かき
● あぜ草刈り

● 用水路清掃

● 野火焼き

トンド

3月

2月

1月

しめ縄づくり

12月

11月

10月

修了式

6時間目

収穫祭

● 乾燥

三島神社の
例大祭

収穫したばかりの米を、
上級生が神社へ奉納する。

入校式
にゅうこうしき

1時間目
じかんめ

種まき
たね

2時間目
じかんめ

田植え
たう

4月
がつ

5月
がつ

●追肥
ついひ

6月
がつ

7月
がつ

課外授業
かがいじゅぎょう

生きもの教室
い きょうしつ

3時間目
じかんめ

草取り
くさと

西那須野
にしなすの
ふれあい祭り
まつ
（盆踊り）
ぼんおど

8月
がつ

9月
がつ

●天日ぼし
てんび

4時間目
じかんめ

カカシづくり

5時間目
じかんめ

稲刈り・脱穀
いね か だっこく

1時間目
種まき

春がきた。
田んぼの学校の1時間目は、種まき。

ぎっしりとまく

まず、土を入れた苗箱に、米の種「種モミ」をぎっしりとまく。
種モミは種まきの10日まえから水にひたしておく。
指のあいだから2、3粒ずつおとすようにまくとうまくいく。

たっぷりと水をやってから、土をうすくたいらにかけていく。

水の強さはこのくらい

すこしずつ！

種<ruby>た<rt>ね</rt></ruby>まきをした<ruby>苗箱<rt>なえばこ</rt></ruby>は、ビニールハウスで<ruby>保温<rt>ほおん</rt></ruby>する。<ruby>苗箱<rt>なえばこ</rt></ruby>はとても<ruby>重<rt>おも</rt></ruby>いから、<ruby>運<rt>はこ</rt></ruby>ぶのがたいへんだ。
ぼくたちも<ruby>小<rt>ちい</rt></ruby>さいときは、
ふたりで<ruby>運<rt>はこ</rt></ruby>んだ。

もう、ひとりで
<ruby>運<rt>はこ</rt></ruby>べる！

ビニールハウスの苗に毎日水をやる。
1日で芽が出て、3〜4日でモヤシのようになる。
3週間くらいで田植えができる。

田植えが
たのしみ

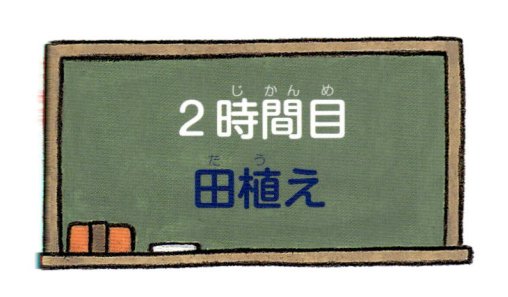

2時間目
田植え

5月。あたたかくなってきた。
2時間目は田植え。
田植えをはじめるときは、米づくりがうまくいくように、さいしょに田んぼの神さまをまつる。田仕事のまねや、おそなえもする。

ほんものだったら
たいへんだな

これは田んぼの土をくだく「荒おこし」のまね。
ほんとうの荒おこしでも、ウマの鼻についた棒を持つのはこどもの役目。

●馬ぐわ

●トラクター

いまではトラクターにまかせる「荒お
こし」や「代かき」を、昔はウマに馬
ぐわをひかせてやっていた。

たなの御幣（ごへい）に田（た）んぼの神（かみ）さまがやってくる。
たなにはそなえものや田仕事（たしごと）の道具（どうぐ）も用意（ようい）しておく。

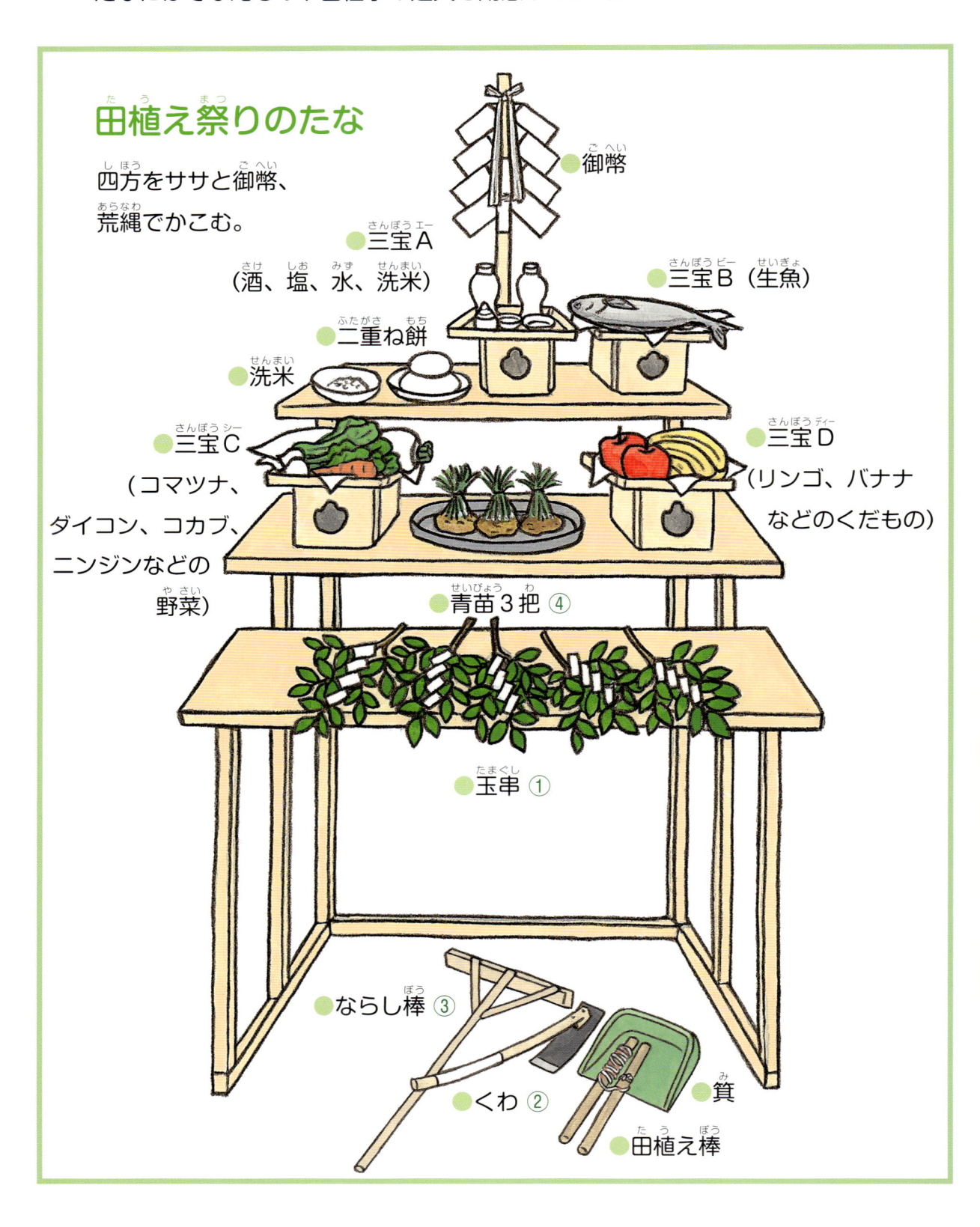

田植（たう）え祭（まつ）りのたな

四方（しほう）をササと御幣（ごへい）、
荒縄（あらなわ）でかこむ。

● 御幣（ごへい）

● 三宝（さんぼう）A
（酒（さけ）、塩（しお）、水（みず）、洗米（せんまい））

● 三宝（さんぼう）B（生魚（せいぎょ））

● 二重（ふたがさ）ね餅（もち）

● 洗米（せんまい）

● 三宝（さんぼう）C
（コマツナ、
ダイコン、コカブ、
ニンジンなどの
野菜（やさい））

● 三宝（さんぼう）D
（リンゴ、バナナ
などのくだもの）

● 青苗（せいびょう）3把（わ）④

● 玉串（たまぐし）①

● ならし棒（ぼう）③

● くわ②

● 箕（み）

● 田植（たう）え棒（ぼう）

① 神主が祝詞をあげてから、
みんなで玉串をそなえる。

② くわで田んぼを2回ほって、
「この田んぼで米づくりをはじめます」
と神さまに合図する。

③ つぎに、ならし棒を使って
田んぼの土をととのえるまねを
する。

④ 3把の青苗を田んぼにささげる。

いよいよ田んぼに入る。どろはひんやりしていてきもちいい。
あの子、足がすっぽりはまってる。
かかとから入れば、どろにはまらないのに。
うしろの子にどろがかかった！

2、3本ずつ……

みんなが一列にならんだら、苗を植える。
片手に苗のたばをもって、もう片方の手の親指、人さし指、中指で2、3本ずつ苗をつまんで、どろのなかにしっかりと植えていく。

オタマジャクシ！

どろに足あとがつかないように、足のうらですっとどろをならす。足あとでぼこぼこになると、苗をおなじ高さに植えられない。

「ぜんぶ植えおわったよ！」
だれかの声。すると、あぜにいる人がすぐに苗のたばをなげる。
「えー、休けいじゃないの!?」
田植えはいちどはじめたら、なかなか休めない。
でも、オタマジャクシやカエルを見つけたら仕事をわすれちゃう！

腰(こし)がいたい

苗(なえ)は田植(たう)え棒(ぼう)のつなの赤(あか)い印(しるし)にあわせて、よこ一列(いちれつ)に植(う)えていく。
田植(たう)え棒(ぼう)のつなをピンとはっておかないと、苗(なえ)の列(れつ)はゆがむし、
おなじ幅(はば)で植(う)えられない。ひとりが2〜3か所(しょ)ずつ印(しるし)のところに植(う)える。

「棒がうごくよ！　さがって！」
印ぜんぶに苗を植えると、みんなで一歩さがる。田植え棒をあぜの板の印にあわせてうごかす。こうすると、よこもたてもおなじ間隔で植えられるんだ。

♪ヤレ、那須の白雪　朝日でとける
　ヤレ、とけて流れて　那須疏水 ♬

田植え唄にあわせると、みんなおなじはやさで作業ができる。

３時間目
草取り

３時間目は草取り。
手おし車型の草取り機をいちど手まえにひいて、
ぐぐっとおす。　これをなんどもくりかえす。

けっこう
遠いなあ

草取りの目的は3つ。
1. 田んぼの雑草を取ること。
2. どろをかきまわして空気を入れること。
3. 稲の根を切ること。
株が大きくなりすぎると稲穂が大きくみのらないから、根を切ってしまうんだ。
田植えのとき、つなの印どおりに苗を植えていないと草取り機がとおらない！

草取り機で取れない雑草は手で取る。
稲との区別がつきにくい草もあるからむずかしい。
これはコウホネという雑草。

課外授業
生きもの教室

田んぼにいる生きものをしらべてみよう！
田んぼのどろをすくってみると……

いたいた！

この日はドジョウがたくさんいた。
ヌルヌルしてつかまえにくい。
オタマジャクシにカエル、ほかにも
いろいろいる。ぼくたちがずっとさ
わっていると、生きものたちはやけ
どする。ぼくたちの体温が、水辺の
生きものの体温より高いからだ。

観察したら、すぐに田んぼにかえす。

田んぼの生きものたち

●トウキョウダルマガエル

●アマガエル

●シマヘビ

●ゲンゴロウ

●マツモムシ

●ヘイケボタル

（写真提供：那須野が原博物館）

●ギンブナ

●マルタニシ

●ウマビル

●ドジョウ

●ウナギ

●ナマズ

生きもの教室の日、ウマビルがうでにすいついてきた。
でも、ウマビルは血をすわないから、ひと安心！

（写真提供：なかがわ水遊園）

4時間目
カカシづくり

稲穂(いなほ)がみのりはじめた。
4時間目(じかんめ)はカカシづくり。
ワラをまいた竹(たけ)の芯(しん)に古着(ふるぎ)を
着(き)せる。

お母(かあ)さん、
手(て)つだって！

これは、こうすけのカカシ。
鳥をおどろかせるためにこわい顔にした。
スズメが稲穂を食べないようにカラスもぶらさげた！

休み時間 コジハン

学校では給食があるけど、田んぼの学校には
コジハンがある。

うまい！
つかれがとれる

コジハンは休けいに食べるおやつ
のこと。
作業がおわると、いつもたきたて
のごはんと手づくりのうめぼし、
つけものがまっている。

ぼくは
うめぼしがすき！

お米は、昨年ぼくたちが
つくったものだ。

ひろげた両手にごはんをもら
って自分でおにぎりにする。

だから、昔は手が大きい人は
コジハンをたくさんもらえる
って、うらやましがられた。

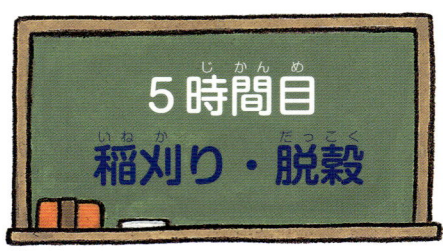

5時間目
稲刈り・脱穀

5時間目は稲刈りと脱穀。
かまで稲を刈ってみよう。けがしないように
気をつけなきゃ！

むちゅうで
刈ってしまった……

しっかりしばる！

刈った稲は両手で持てるくらいに
たばねる。はずれないようにワラ
でしっかりしばるのは、とてもむ
ずかしい。

でも、稲刈りがいちばん
たのしい！

カマキリ
かっこいい！

すごい力でワラが
もっていかれる！

脱穀は刈った稲からモミをはずすこと。
足ふみ脱穀機をひとりで使うのはたいへんだから、
おとなに板をふんでもらった。

● 足ふみ脱穀機

板をふむとギザギザの針金がついたふみ胴が
まわるしくみ。ギザギザに稲をおしあてて、
左右に回転させるとモミがはずれる。
昭和40年代まで使われていた。

脱穀機にかけられない短い稲は殻竿で脱穀する。
殻竿をまわして打つのはとてもむずかしい。
力がいるから、高学年にしかできない！

よいしょ！

脱穀したモミは、
ふるいにかけてから
唐箕で選別する。

● 唐箕

ハンドルをまわすと、実の入っていない
モミは、風でふきとばされるしくみ。

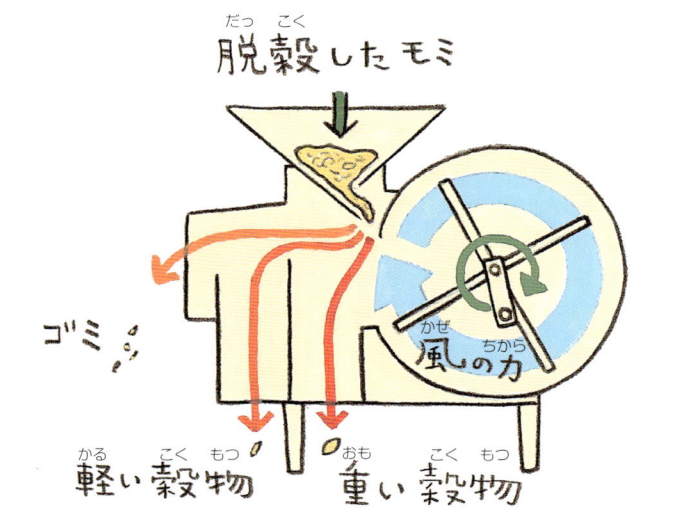

選別したモミを袋につめる。
ワラはしめ縄の材料にするた
めにかげぼししておく。

ダメだよ！

「お米には神さまがいるんだよ」
モミで遊んでいる下級生を注意するのも上級生の役目だ。

6時間目
収穫祭

11月。6時間目は公民館で収穫祭。
地域の人たちと餅つきをする。田植え唄や笛、
太鼓をひろうし、よせがきをしているとお餅
の用意ができた。

みんな
ありがとう！

いちばんの
思い出は……

たくさんの人が協力してくれたから
たのしく活動できた。

納豆餅は
おいしい！

みんなでつきたてのお餅を食べる。

修了式

12月下旬。田んぼの学校の修了式。
6年生は修了証をもらって卒業だ。

修了式のあとは、
しめ縄づくり。

説明ではかんたんそう
だけど、ワラをなって
いく作業はとてもむず
かしい。

ゆうすけ、
じょうずだね！

お正月に自分でつくったしめ縄をかざるんだ。
ことしの活動はこれでおわり。いろいろなことにチャレンジしたなあ。

ぼくたちがつくったしめ縄は、お正月がおわると神社のトンドでもやす。
トンドの灰で団子を焼いて食べると、1年間元気にすごせるんだって。
春になったら、また米づくりをがんばるぞ。
ことしもお米がたくさんとれますように。

筒江　薫 ● つつえ　かおり

1972年奈良県生まれ。近畿大学大学院修士課程を修了後、三重県上野市、福井県美浜町、愛知県豊川市、滋賀県近江八幡市など自治体誌の編さんにたずさわる。フィールドワークで聞き書きをおこない、人びとのくらしを書きとめている。日本民俗学会員。共著に『日本の心を伝える　年中行事事典』（岩崎書店）、『食の民俗事典』（柊風舎）など。

＊「田んぼの学校」は（一社）地域環境資源センターが推進する水田などを活用した環境教育です。
田んぼの学校活動支援団体　那須野ヶ原土地改良区連合（愛称：水土里ネット那須野ヶ原）

装丁：中浜小織（annes studio）
挿画：藤原ヒロコ
協力：Sola 1冊の本プロジェクト

編集・制作：株式会社 本作り空 Sola
http://sola.mon.macserver.jp

アジアの道案内　日本
田んぼの学校へいってみよう

2018年5月25日　初版第1刷発行

文・写真	筒江　薫
発行者	小原芳明
発行所	玉川大学出版部

〒194-8610　東京都町田市玉川学園6-1-1
TEL 042-739-8935　FAX 042-739-8940
http://www.tamagawa.jp/up/
振替：00180-7-26665
編集　森 貴志

印刷・製本　創栄図書印刷株式会社

乱丁・落丁本はお取り替えいたします。
ⓒ Kaori Tsutsue 2018　Printed in Japan
ISBN978-4-472-06002-1 C8339 / NDC380

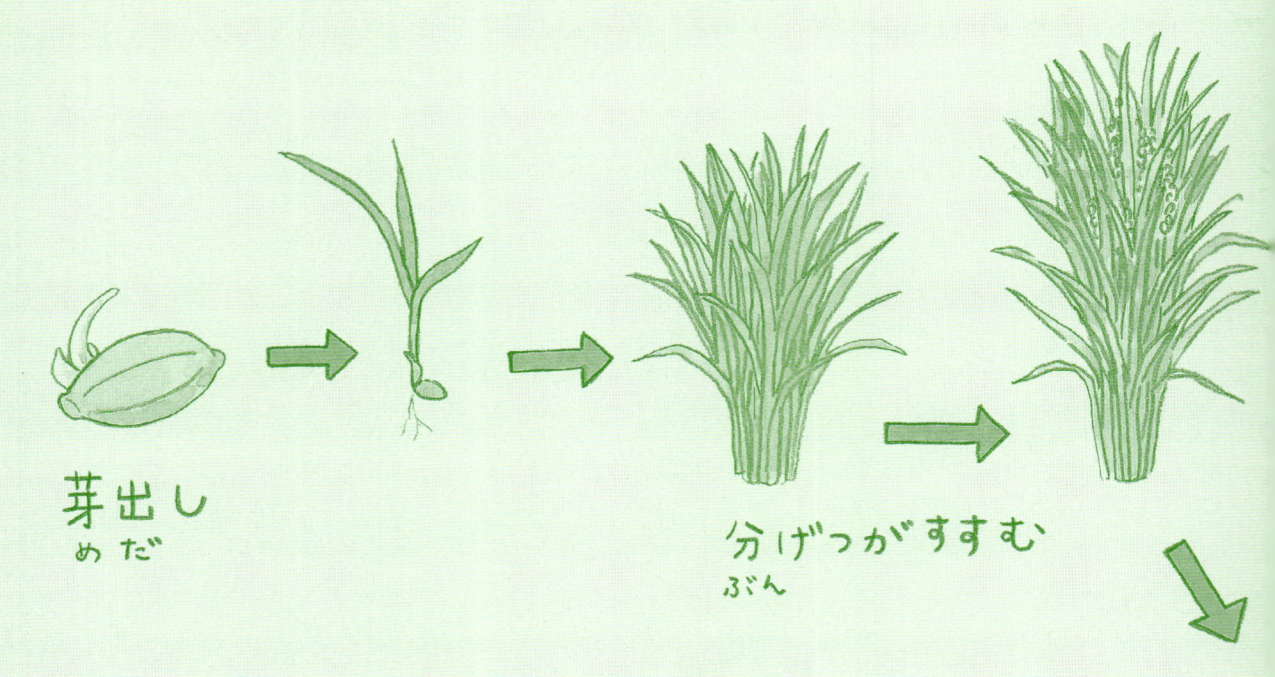

芽出し
めだ

分げつがすすむ
ぶん

稲穂は脱穀するとモミ（種モミ）になり、
いなほ だっこく たね
モミスリをしてカラをとると玄米になり、
げんまい
玄米の表面をけずって精米すると
げんまい ひょうめん せいまい
ぬかができる。

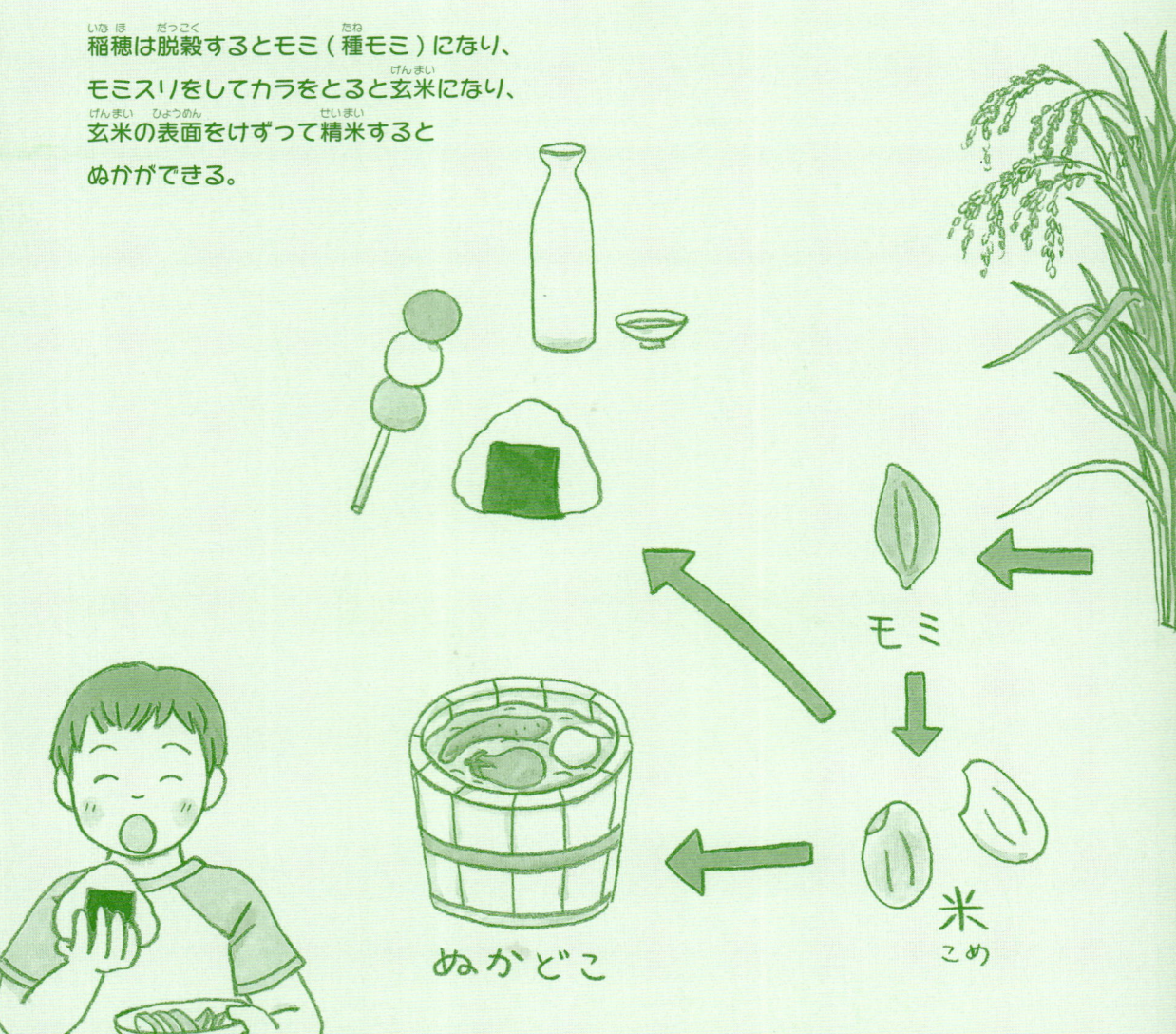

モミ

米
こめ

ぬかどこ